奇书

《山海经》

◎◎ 主编 金开诚

◎◎ 编著 张 公

吉林出版集团有限责任公司

吉林文史出版社

图书在版编目（CIP）数据

奇书《山海经》/ 张公编著 . 一长春：吉林出版
集团有限责任公司：吉林文史出版社，2010.11（2022.1重印）
ISBN 978-7-5463-4096-8

Ⅰ.①奇… Ⅱ.①张… Ⅲ.①历史地理－中国－古代
Ⅳ.①K928.631

中国版本图书馆CIP数据核字（2010）第222256号

奇书《山海经》

QISHU SHANHAIJING

主编／ 金开诚 编著／张 公

项目负责／崔博华 责任编辑／崔博华 梁丹丹

责任校对／梁丹丹 装帧设计／马锦天

出版发行／吉林文史出版社 吉林出版集团有限责任公司

地址／长春市人民大街4646号 邮编／130021

电话／0431-86037503 传真／0431-86037589

印刷／三河市金兆印刷装订有限公司

版次／2010年11月第1版 2022年1月第6次印刷

开本／650mm×960mm 1/16

印张／9 字数／30千

书号／ISBN 978-7-5463-4096-8

定价／34.80元

前　言

文化是一种社会现象，是人类物质文明和精神文明有机融合的产物；同时又是一种历史现象，是社会的历史沉积。当今世界，随着经济全球化进程的加快，人们也越来越重视本民族的文化。我们只有加强对本民族文化的继承和创新，才能更好地弘扬民族精神，增强民族凝聚力。历史经验告诉我们，任何一个民族要想屹立于世界民族之林，必须具有自尊、自信、自强的民族意识。文化是维系一个民族生存和发展的强大动力。一个民族的存在依赖文化，文化的解体就是一个民族的消亡。

随着我国综合国力的日益强大，广大民众对重塑民族自尊心和自豪感的愿望日益迫切。作为民族大家庭中的一员，将源远流长、博大精深的中国文化继承并传播给广大群众，特别是青年一代，是我们出版人义不容辞的责任。

本套丛书是由吉林文史出版社和吉林出版集团有限责任公司组织国内知名专家学者编写的一套旨在传播中华五千年优秀传统文化，提高全民文化修养的大型知识读本。该书在深入挖掘和整理中华优秀传统文化成果的同时，结合社会发展，注入了时代精神。书中优美生动的文字、简明通俗的语言、图文并茂的形式，把中国文化中的物态文化、制度文化、行为文化、精神文化等知识要点全面展示给读者。点点滴滴的文化知识仿佛颗颗繁星，组成了灿烂辉煌的中国文化的天穹。

希望本书能为弘扬中华五千年优秀传统文化、增强各民族团结、构建社会主义和谐社会尽一份绵薄之力，也坚信我们的中华民族一定能够早日实现伟大复兴！

目录

一、旷世奇书《山海经》

　　《山海经》是先秦古籍，是一部富于神话传说的古地理书。说起《山海经》，大家都知道这是一本风格独特的奇书、怪书。此书分《山经》5篇和《海经》13篇，虽仅有31000余字，但就其叙述的内容而言，从天文、地理、神话、宗教，到民族、动物、植物、矿产，天南海北，包罗万象，堪称我国古籍中蕴珍藏英之最，实为研究上古时代绝好的宝贵资料。除此之

外,《山海经》还记载了一些奇怪的事件,对这些事件至今仍然存在较大的争论。

(一)成书时代

《山海经》全书18篇,31000余字,其中包括《五藏山经》5篇、《海外经》4篇、《海内经》5篇、《大荒经》4篇。《汉书·艺文志》作13篇,未把《大荒经》4篇和《海内经》1篇计算在内。《山海经》全书内容以《五藏山经》5篇和《海外经》4篇作为一组,《海内经》4篇作为一组,《大荒经》4篇以及书末《海内经》1篇又作为一组。每组的组织结构,自具首尾,前后贯串,有纲有目。《五藏山经》的一组,依南、西、北、东、中的方位次序分篇,每篇又分若干节,前一节和后一节使用有关联的语句相承接，将篇节间的关系表现得非常清楚。

该书按照地区而非时间把这些事物一一记录。所记事物大部分由南开始，然后向西，再向北，最后到达大陆（九州）中部。九州四围被东海、西海、南海、北海所包围。在中国古代，《山海经》一直被当做历史看待，是中国各代史家的必备参考书，然而该书成书年代久远，连司马迁写《史记》时也认为："至《禹本纪》《山海经》所有怪物，余不敢言之也。"

西汉末年，刘向、刘歆父子负责开展大规模的国家古籍图书整理工作，刘歆在《上山海经表》中称，他是根据32篇的《山海经》版本校订出18篇的《山海经》的，并指出《山

海经》出于唐虞（尧舜）时期，"禹别九州，任土作贡，而益等类物善恶，著《山海经》"。认为其作者是夏禹和伯益。这就说明，刘歆在整理《山海经》时，是以一本有32篇的《山海经》古本作蓝本的，据刘歆当时的口吻，认定这个古本是唐虞时期的产物，夏禹治理洪水踏遍华夏山川，伯益又跋山涉水进行实地考察，以此来推测编者是这两个人，也是有一定道理的。《中国地方风物传说选（二）·大禹取〈水经〉》记载大禹在太湖地区治水时，在林屋洞里获得名为《水经》的书三卷，一卷为河道图，一卷为山脉图，一卷为弯曲难识之古文。如果这个记录准确，这显然是类似于《山海经》的《水经》古本。

（二）神秘的作者

《山海经》涉猎之广，内容之奇杂，从古至今人们对其该归于何类多有分歧。《汉书·艺文志》将它列入形法家之首，《隋书·经籍志》之作则多将它归入地理书，但清《四库全书总目提要》却谓其为"小说之最古者尔"，鲁迅先生则将它视为"古之巫书"。因此，《山海经》问世之后，围绕其内容、成书时间的争论，以及有关作者是谁等问题一直众说纷纭，莫衷一是，于是酿成学术界千年未解的悬案。

按照刘向、刘歆父子和东汉王充的"正统"说法，《山海经》的作者是大禹和伯益，但人们在《山海经》中却找到了晚于其生活时代的史实，因此"禹、益作说"受到了质疑。此后，隋朝的颜之推虽坚持旧说，但面对难以掩盖的漏洞，他只好用"后人羼入，非本文也"来作掩饰。所以，《山海经》的作者便成了众多学者考证的对象，出现了种种假说，如"夷坚作说""邹衍作说"；后人综合炎黄两族的传说而成说；南方楚人作说；巴蜀人作说；早期方士作说等等。当代学者袁珂认为，《山海经》实际上是无名氏的作品，而且不是同一时期同一人所作。以上各说虽有不同，但都肯定《山海经》的作者是中国人。

不过，耐人寻味的是，有关《山海经》作者的争论并未到此为止，一些学者，特别是外国学者在对《山海经》的内容进行仔细的分析和研究后，将寻踪作者的视角向国外延伸，得出了令人吃惊的结论。他们说，《山海经》真正

的作者很可能是外国人。这种说法就像《山海经》中光怪陆离的神话一样，让人大开眼界。法国汉学家马伯乐认为，《山海经》所述地理系受到公元前5世纪外来的印度和伊朗文化潮流的刺激和影响而成。其言下之意，暗示《山海经》的作者可能是印度人或伊朗人。而中国学者卫聚贤在其《古史研究》一书中，进一步明确《山海经》的作者为印度人隋巢子。

1978年在台北出版的《屈原与九歌》一书的作者苏雪林在提及《山海经》时，又把作者的属地推向更西更远的巴比伦。他认为，《山海经》是关于阿拉伯半岛及两河流域的地理书，原为古巴比伦人所作，战国时由波斯人带到中国，其中有些关于中国地理的内容是后人混入的。他还认为，《山海经》可能也是邹衍的讲义，由其弟子笔录，但记录者不只一人。

还有一些欧洲学者将《山海经》所记载的内容同古希腊神话进行了比较，认为书中有关长耳、奇股、三足等怪人形象与希腊神话里的怪物极其相似。另外，美国学者认为，《山海经》中有对美洲大陆的精确描写，如《海外东经》《大荒东经》中描述的"光华之谷"，与美国科罗拉多大峡谷有惊人的相似之处；《东山经》则生动而精确地描写了美国内华达州的黑色石、金块、旧金山湾的海豹、会装死的美洲负鼠等。有些研究者还按照《山海经》指示的路线考察了美洲大陆，发现两者之间有着极为吻合的地理现象。从这些欧美学者的考证看，其

弦外之音似乎《山海经》又成了希腊人或美洲人之作。

对《山海经》作者的争论，从一个方面反映了今天此书在历史、地理、文学、动植物学等诸多领域内有着极其重要的学术价值和学术地位。一些研究者在中国之外寻觅作者的做法，虽然看上去有些牵强，难免有哗众取宠之嫌，但也不乏真知灼见。究其原因，实因《山海经》所涵盖的令人惊叹的博大庞杂、无所不包的内容所致，致使研究者们产生了仁智互见的结论。因此，这一疑案的彻底破解尚需要时日。而现在看来，历史学家凌纯声的看法较符合实际，即《山海经》乃是以中国为中心，东及西太平洋，南至南海诸岛，西抵西南亚洲，北到西伯利亚的一本古亚洲地志，它记述了古亚洲的地理、博物、民族、宗教等方面诸多宝贵的资料，其作者已难于确认。

（三）体例与结构

《山海经》，可能很多人读过，即便没读过，也肯定听说过。如果用一个字来形容《山海经》，那就是"奇"。

《山海经》确实是一本奇书，打开书页，扑面而来的净是怪物——浑身生羽的羽民国、口中吐火的厌火国、胸口洞穿的贯胸国、舌头倒着长的反舌国、长着三个脑袋的三首国、生着三个身子的三身国、只有一只手臂的一臂国、只长一条腿的奇股国、只生一只眼睛的一目国、纯男无女的丈夫国、纯女无男的女子国，更有形形色色、不伦不类的山中怪兽异鸟，诸如形状像羊、生着九只尾巴四只耳朵、眼睛长到了背上的猹狚兽；又如长着马身鸟翼、人面蛇尾的孰

湖兽；再如长着人面虎身的食人怪兽马腹，林林总总，可谓集天下怪物之大成，也难怪自古人们就用异样的眼光看待这本书，并将其视为"古今语怪之祖"了。

如果一味盯着《山海经》中那些三头六臂之类的怪物，自然就会觉得这本书杂乱无章、漫无头绪，仅仅是古人的游戏笔墨，没有什么学术价值，登不得大雅之堂。但是，如果把眼光转到这本书的记载体例和整体结构上，马上会对其刮目相看。其实，这本书凌乱怪诞的表象背后有着非常严密的结构。它的叙述非常有条理，体例极其严谨，整体结构非常完善，与其说它东拼西凑，不如说它是自成体系、别具机杼的精心结撰。

《山海经》中的《山经》旨在以山峰为纲，分门别类、具体而微地记载山地的地理、水系、动植物、矿物，可以说是一本自然地理志，应当是战国时代一次规模巨大的地理资源调查的产物，但是我们今天已经很难搞清那些山究竟在什么地方，那些动物和植物究竟是什么了。《山海经》中的《海经》则有着完全不同的来历和内涵，对于"破译"《海经》至关重要的一点是，《海经》原本不是书，而是图画。也就是说，《海经》是"缘图以为文"，是对一幅传世古图的描述，先有图而后有书，我们看到的《海经》，是战国时期一位学者对一幅图

画中内容的描述。《山海经》一书，观其内容，似乎满纸荒唐，审其形式，却又条理分明。可以说，在先秦典籍中，历来被视为小说家言的《山海经》，其实是最具条理和体系的一本书。《山海经》不能仅仅当成一本胡编乱造的小说志怪之书来看待，更不能轻易相信它是古代好事者一时心血来潮而胡乱拼凑之书。

1.《山经》：一本自然地理志

《山经》由《南山经》《西山经》《北山经》《东山经》《中山经》5篇组成，按方位分别叙述南、西、北、东、中五方的山川地理及其动物、植物和矿物资源，5篇的体例大同小异，皆按照山脉川流的走向，依次载列山峰。每描述一座山，都是首先记载这座山相对于上一座山的距离和方位以及此山的名称，然后概述此山植被和矿藏的基本情况，接着具体描述此山特有的某种鸟、兽、草、木，并对这种动物或植物的名称、形态、习性、功

用尤其是药用等都详加记载，最后还要记述发源此山的河流以及河流的流向、河流中鱼鳖之类的水族动物、河床中的矿物资源等等。虽然具体到每一座山，记述情况有所不同，但纵观《山经》数百座山的记载，其体例确实大同小异，如出一辙。

比如说，《南山经》中的第四座山是这样记述的："又东三百七十里，曰柢阳之山，其阳多赤金，其阴多白金。有兽焉，其状如马而白首，其文如虎而赤尾，其音如谣，其名曰鹿蜀，佩之宜子孙。怪水出焉，而东流注于宪翼之水，其中多玄龟，其状如龟而鸟首虺尾，其名曰旋龟，其音如判木，佩之不聋，可以为底。"对柢阳之山的描述就极具条理颇为全面。"又东三百七十里，曰柢阳之山"，标明这座山的方位，在上一座山猨翼之山东面370里；接着说"其阳多赤金，其阴多白金"，概述了此山的矿藏情况；然后详细描述

了这座山上的一种动物鹿蜀，"有兽焉，其状如马而白首，其文如虎而赤尾，其音如谣，其名曰鹿蜀，佩之宜子孙"，依次描述了这种动物的长相、叫声、名称，并说明这种动物的药用价值，"佩之宜子孙"的意思大概是说，把这种动物身体上的某一部分（可能是骨头或者皮）佩戴在身上，可以增进人的生育能力，此说颇有巫术的意味；记述了山，接着写水，"怪水出焉，而东流注于宪翼之水"，说明怪水发源于杻阳之山，东流汇于宪翼之水，"怪水"和"宪翼之水"一样，都是河流的名称，并非意味着这条河流有什么神通或怪异；接着提到生活在这条河里的一种龟，先写龟的长相，"其中多玄龟，其状如龟而鸟首虺

尾",这种龟的名字叫"旋龟",再写龟的叫声,"其音如判木",是说旋龟的叫声像劈木头的声音,最后落笔于龟的功用,即其药用价值,"佩之不聋,可以为底",大概是说把旋龟的骨头佩戴在身上可以治疗耳聋,还可以去除脚底的胼胝。窥一斑可以见全豹,《山经》记事极具条理性和系统性。

　　《山经》的记事如此讲究章法和体例,足以表明作者的态度是严肃认真的,此书的内容也必定是实事求是的,而不是胡编乱造。那么,书中那些匪夷所思的怪物又是从何而来的呢?其实,这一点正可以由《山经》记事的方法得到解释,看上文中关于鹿蜀的描述就可以明白《山经》怪物的来历了。"其状如马而白首,其文如虎而赤尾,其音如

谣"，这一番写照，乍一看十分怪异，俨然是一个长相几分像马、几分像老虎、生着白脑袋红尾巴、叫起来好像人唱歌的异形怪兽。在《山经》的崇山峻岭中，此类怪异鸟兽随处可见，由于谁也没有真正见识过这类怪物，所以会觉得《山海经》是一部彻头彻尾瞎编乱造的怪书。但是，一般来说人们会如何向别人描述一种他从来未曾见过的陌生动物呢？唯一的办法就是与大家熟悉的动物相比较，告诉他说，这种没见过的野兽脑袋长得像什么、身子像什么、皮毛的花纹像什么、叫起来的声音像什么等等。比如说，一个人该如何向一个从来没见过猫的人描述猫的长相呢？他大概会说，猫的身体大小如兔子，皮毛长得像老虎，

面孔有几分像人，叫起来像婴儿啼哭，再假设他见到的这只猫的尾巴是黑色的，用《山海经》的口气说，就成了"有兽焉，其状如兔而人面，其皮如虎而黑尾，其音如婴儿"，这一番形容，没见过猫的，还以为这世界上真有这样一种怪物呢！《山经》中的那些横行飞潜的怪兽、怪鸟、怪鱼、怪蛇，大部分都是这样造就的。世上本无怪，只是由于我们不了解古人用以描述动物的话语系统，用一种好奇的目光看待这些记载，少见多怪了。因此，在我们眼里，《山海经》中那些原本老老实实的记述，就成了怪物，而《山海经》也就成了一个妖怪出没的世界。

2.《海经》：一幅天文图画

《海经》与《山经》相比，更显荒唐怪诞。但是，《海经》的结构和《山经》一样，也极具条理。今本《山海经》中，《海经》包括3个部分，即《海外经》4篇，《海内经》5篇，《大荒经》4篇。其中，除了

《海内经》4篇的记事比较凌乱、缺乏条理之外，书末《海内经》1篇、《海外经》4篇和《大荒经》4篇尽管内容怪诞，但记述的形式却有条不紊、头绪井然。《海外经》分为东、南、西、北4篇，分别按照特定的走向，头头是道、按部就班地记述了四方海外各国的奇人异类、怪鸟异兽，每一国一个条目，每个条目都记载了该国相对于相邻之国的方位、该人的形貌和行事，有时候还记载该国特有的风物等等。

《大荒经》记事稍微复杂一些，而且在书本的流传过程中因为辗转抄写导致不少文字讹误和错误，但其记事还是有潜在体例的。《大荒经》也是分东、南、西、北4个方位，按照既定的方向依次记载四方大荒的山峰，以及散居于远荒群山中的蛮荒诸国，他们的姓氏、祖先、世系、形貌等等，每一山、每一国一个条目，每一条目下又按照特定的顺序叙述相关的内容，尽管内容怪异，记事却自有章法。

《海经》源于对图画的叙述，但在今天的版本中看到的插图是后人根据《海经》的内容重新绘制的，与古图毫不相干，《海经》的古图早已散逸了。那么这幅失落的图画，究竟是一幅什么样的图画呢？虽然看不到这个图了，但可以通过对文字的分析来重新揭示这幅图的真相。打开《海经》，看到的都是一些关于山川、外国、鸟兽等地理景观的记载，而且有方位、有里程，诸如此类的内容当然只能是来自地图，实际上，前人都认为《海经》所依据的那幅古图是地图，这一点几乎是毋庸置疑的。其实，这一看法，完全是想当然。仔细阅读后会发现，它讲的根本不

是地理，而是天文，构成其整体叙述框架的不是空间，而是时间。《海经》背后的那幅失落的古图，不是地图，而是记载上古先民天文历法知识的岁序之图、时间之书，可以恰如其分地称之为"失落的天书"。说《海经》是天文，而不是地理，确实有些耸人听闻。但是证据不需远求，就在《海经》这本书中。

《海外经》中每一篇的末尾，都提到一方之神，"东方句芒，鸟身人面，乘两龙""南方祝融，兽身人面，乘两龙""西方蓐收，左耳有蛇，乘两龙""北方禺强，人面鸟身，珥两青蛇，践两青蛇"。在《海外经》中，这被称为四方之神，但在其他古书中，它们原本是四时之神：句芒是春天之神、祝融是夏天之神、蓐收是秋天之神、玄冥（即禺强）是冬天之神，古代时令之书《月令》中就记载了这四时之神，四神的名号本来就是得义于四时的物候时令特征。"句芒"表示春天万物萌芽，"祝融"又作"朱明"，表示夏天阳光明亮，"蓐收"表示秋天万物成熟可以收获，"玄冥"表示冬天因光照不足而幽暗。《海外经》古图的四方分别描绘这四时之神，就足以表明，这幅图画的四方表示四时，东为春，南为夏，西为秋，北为冬，《海外经》古图的四方所呈现的不是空间结构，而是时间结构。

3.《大荒经》记录天文历法

《海经》中的《大荒经》也介绍了几十座山，乍一看更像是地理书，但它是一本关于天文历法的书。《大荒经》记载东方有七座日月所出之山，分别叫大

言、合虚、明星、鞠陵于天、孽摇頵羝、猗天苏门、壑明俊疾；西方有七座日月所入之山，分别叫方山、丰沮玉门、龙山、日月山、鏊鏖钜、常阳之山、大荒之山。为什么偏偏是七座呢？季节的变化、时序的推移是地球围绕太阳公转所致，而这种运动在地球上的人看来，就好像太阳在南北回归线之间来回运动，寒来暑往。在北半球的人看来，太阳夏天最靠北，因此夏天热；太阳冬天最靠南，因此冬天冷。根据太阳每天早晨在东方升起时的方位，或者每天黄昏在西方降落时的方位，就可以判断当时的季节和月份，就可以了解时令和农时，这一点，对很多人来说都是常识。《大荒经》中东西方的这七对日月出入之山，就是古人用来判断季节和月份的，七对山形

成了六段间隔，对应六个时段，也就是半年的六个月，每年的上半年，即从冬至到夏至，太阳从最南面的一座山向最北面的一座山移动，到了下半年，即从夏至到冬至，太阳又掉头从最北面的一座山向最南面的一座山移动，古人站在这东西两排连绵起伏的山峰之间，看到太阳在哪一座山附近升起或者降落，就大致知道是什么季节和月份了。

　　对于天文观察来说，最重要的前提是要端正四方的方位基准，建立准确的方位坐标，《大荒经》古图中明确地标明了作为这样一个四方基准的四极之山，东极之山为鞠陵于天，西极之山为日月山，南极之山为去痓山，北极之山为天柜山，四极之山和七对日月出入之山共同构成一个完整的观象授时体系，可以说，《大荒经》古图就是一个坐落于群山之间的原始的天文坐标系。

　　除了上述的基本结构和基本框架外，

《海外经》和《大荒经》中很多被视为神话的内容其实都是上古天文历法知识的反映。比如说，羲和是中国神话中的太阳神，《楚辞》中说他每天早上驾着马车拉着太阳从东往西去，晚上又从西方回到东方。《山海经》中也提到羲和，说羲和"生十日"。除了太阳神羲和，《山海经》中还有月亮神常仪，常仪"生十二月"，这自然不是说羲和生育了十个太阳，常仪生育了十二个月亮，这里的"生"字只是创造、发明的意思，即羲和创立了根据太阳在一天中处于天空的方位划分一昼夜为十个时段的计时制度，常仪创立了根据月

相的圆缺划分一年为十二个月的阴历记
月制度。后来，前者就变成了羲和每天驾
着太阳车从东方到西方的神话，而后者
则变成了嫦娥奔月的神话，并因此衍生
出了天有十日、后羿射日之类的"奇谈怪
论"。

二、《山海经》中的神话

　　《山海经》里的不少神话故事和民间传说，都表现出极其丰富的想象力。其中嫦娥奔月、夸父逐日、女娲补天、共工怒触不周山等神话故事，代代相传，家喻户晓，为后人的神话创作提供了丰富的养料。《山海经》实际上也是我国记载神话最多的一部古书。

（一）抗争神话

1.刑天神话

刑天原是一个无名的巨人，因和黄帝争神座，被黄帝砍掉了脑袋，这才叫刑天。刑天就是砍头的意思。刑天为炎帝近臣，自炎帝败于阪泉，刑天一直伴随左右，居于南方。炎帝不敢和黄帝抗争，但他的子孙和手下却不服气。当蚩尤举兵反抗黄帝的时候，刑天曾想去参加这场战争，只是因为炎帝坚决阻止才没有成行。蚩尤和黄帝一战失败，蚩尤被杀死，刑天再也按捺不住自己那颗愤怒的心，于是偷偷地离开南方天廷，径直奔向中央天廷，去和黄帝争个高低。刑天左手握着长方形的盾牌，右手拿着一柄闪光的大斧，一路过关斩将，砍开重重天门，直杀到黄帝的宫前。黄帝正带领众大臣在宫中观赏仙女们的轻歌曼舞，猛见刑天挥舞盾斧杀将过来，顿时大怒，拿起宝剑就和刑天搏斗起来。两人剑刺斧劈，从宫内杀到宫外，从天廷杀到凡间，直杀到常羊山旁，双方杀得天昏地暗。刑天终于不敌，被黄帝斩下了头颅。黄帝把刑天的头颅埋在常羊山里。没了头颅的刑天却突然再次站起，把胸前的两个乳头当做一双眼睛，把肚脐当做嘴巴，左手握盾，右手持斧，向着天空猛劈狠砍，战斗不止。

2.夸父神话

远古时代，在我国北部，有一座巍峨雄伟的成都载天山，山上住着一个巨人氏族叫夸父族。夸父族的首领叫做夸父，他身高无比，力大无穷，意志坚强，气概非凡。那时候，世界上荒凉落后，毒蛇猛兽横行，人们生活凄苦。夸父为了本部落的人能够活下去，每天都率领众人跟洪水猛兽搏斗。夸父常常将捉到的凶恶的黄蛇挂在自己的两只耳朵上作为装饰，引以为荣。

有一年，天大旱。火一样的太阳烤

焦了地上的庄稼，晒干了河里的流水。人们热得难受，实在无法生活。夸父见到这种情景，就立下雄心壮志，发誓要把太阳捉住，让它听从人们的吩咐，更好地为大家服务。

一天，太阳刚刚从海上升起，夸父就迈开大步从东海边上开始了他逐日的征程。太阳在空中飞快地转，夸父在地上疾风一样地追。夸父不停地追呀追，饿了，摘个野果充饥；渴了，捧口河水解渴；累了，也仅仅打个盹。他心里一直在鼓励自己："快了，就要追上太阳了，人们的生活就会幸福了。"他追了九天九夜，离太阳越来越近，红彤彤、热辣辣的太阳就在他的头上。夸父又跨过了一座座高山，穿过了一条条大河，终于在禹谷就要追上太阳了。这时，夸父心里兴奋极了，可就在他伸手要捉住太阳的时候，由于过度激动，

心力交瘁，突然感到头昏眼花，竟晕过去
了。夸父醒来时，太阳早已不见了。夸父
依然不气馁，他鼓足全身的力气，又准备
出发了。可是离太阳越近，太阳光就越强
烈，夸父越来越感到焦躁难耐，他觉得自
己浑身的水分都被蒸干了，当务之急，他
需要喝大量的水。于是，夸父站起来走到
东南方的黄河边，俯下身子，猛喝黄河里
的水，黄河水被他喝干了，他又去喝
渭河里的水。谁知道，他喝干了渭河
水，还是不解渴。于是，他打算向北
走，去喝一个大泽的水。可是，夸父
实在太累太渴了，当他走到中途时，
身体就再也支持不住了，慢慢地倒下
去，死了。夸父死后，他的身体变成
了一座大山，这就是"夸父山"。据
说，位于现在河南灵宝西三十五里
灵湖峪和池峪中间。夸父死时扔下
的手杖，也变成了一片五彩云霞般的
桃林。桃林的地势险要，后人把这

里叫做"桃林寨"。夸父死了，他并没捉住太阳。可是天帝被他的英雄精神所感动，惩罚了太阳。从此，他的部族年年风调雨顺，万物兴盛。夸父的后代子孙居住在夸父山下，生儿育女，繁衍后代，生活非常幸福。

3.共工的神话

据传说，颛顼是黄帝的孙子，号高阳氏，居于帝丘（今河南濮阳附近）。他聪慧机敏，在民众中有很高的威信。他统治的地盘也很大，北到现在的河北一带，南到南岭以南，西到现在的甘肃一带，东到东海中的一些岛屿，都是他统治的区域。古代历史书上描写说，颛顼在视察所到之处，受到部落民众的热情接待。

但是颛顼也做过不合情理的事情。有这么一条律令就是他规定的，规定妇女在路上与男子相遇，必须先避让一旁；如果不这样做，就被拉到十字路口打一顿。这条法律虽然是传说，但是说明了在颛顼那个时代，由于生产方式的变化，男子成了氏族中的主导力量，妇女的地位已经低于男子，父系氏族社会取代了母系氏族社会，男子在社会上的权威已经确立。

与颛顼同时期，有个部落领袖，叫做共工氏。传说他是人首蛇身，长着满头的赤发，他的坐骑是两条飞龙。

据说共工氏姓姜，是炎帝的后代。他的部落在今天的河南北部。他对水利工作尤为重视，想出筑堤蓄水的办法。那个时候，人们主要从事农业生产，水的利用是至关重要的。共工氏是继神农氏之后，又一个为发展农业生产作出过贡献的人。

共工有个儿子叫后

土，对农业也很精通。他
们为了发展农业生产，把
水利的事办好，一起考察
了部落的土地情况，发现
有的地方地势太高，给田
地浇水很费力；有的地方
地势太低，容易被淹。这
些情况，非常不利于农业
生产。因此共工氏制订了
一个计划，把高处的土运
到低地，他认为平整土地可以扩大耕种
面积，利于水利灌溉，对发展农业生产
大有好处。

颛顼不赞成共工氏的做法。颛顼认
为，在部族中拥有至高无上权威的是自
己，整个部族应当只听从他一个人的号
令，共工氏是不能自作主张的。颛顼以这
样做会让上天发怒为由，反对共工氏实
行计划。于是，颛顼与共工氏之间发生了
一场十分激烈的斗争，表面上是对治土、

治水的争论，实际上是对部族领导权的争夺。

要说这两个人比起来，力气上，共工氏要强；而论机智，他却不如颛顼。颛顼利用鬼神的说法，煽动部落民众，叫他们不要相信共工氏。当时的人对自然知识了解得很少，对鬼神之事都极为相信，不少人上了颛顼的当，认为共工氏一平整土地，真的会触怒鬼神，引来灾难，因此颛顼得到了多数民众的支持。

共工氏不能得到民众的理解和支持，但他坚信自己的计划是正确的，坚决不肯妥协。为了天下人民的利益，他不惜牺牲自己，要用生命来维护自己的事业。他来到不周山（今昆仑山），想把不周山的峰顶撞下来，来表示自己的坚定决心。

共工氏驾着飞龙，来到半空，猛地撞向不周山。霎时间，

一声巨响，不周山被共工氏猛然一撞，当即折为两段，山体轰隆隆地崩塌下来。天地之间发生巨变，天空中，日月星辰都变了位置；大地上，山脉移动，河水变流。原来这不周山是天地之间的支柱，天柱折断了，把系着大地的绳子也崩断了，只见大地向东南方向塌陷，天空向西北方向倾倒。因为天空向西北方向倾倒，日月星辰就每天都从东边升起，向西边降落；

因为大地向东南塌陷，大江大河的水就都奔腾向东，流入东边的大海里去了。共工氏英勇的行为得到了人们的尊敬。在他死后，人们奉他为水师（司水利之神）。他的儿子后土也被人们奉为社神（即土地神），后来人们发誓时说"苍天后土"，说的就是他，由此可见人们对他的

敬重。

关于共工氏和颛顼争夺帝位、怒撞不周山的传说，已经流传了两千多年。这只是个神话故事，说明在那时我们的祖先尚不知如何解释各种各样的自然现象，不能掌握自然规律，所以在自然面前是那样的无力，才会把各种疑惑归因于神的存在，自然之力被形象化、人格化，创造了种种神话传说，歌颂心目中的英雄，也就塑造出了神话中的盘古、女娲、黄帝等等传奇人物。

4.蚩尤的神话

黄帝打败炎帝之后，许多诸侯都想拥戴他当天子。可是炎帝的子孙不甘心向黄帝臣服，三番五次挑起战争，尤以蚩尤为甚。蚩尤是炎帝的孙子。据说，蚩尤生性残暴好战，他有八十一个兄弟，都是能

说话的野兽，一个个铜头铁额，用石头铁块当饭吃。蚩尤原来臣属于黄帝，可是炎帝战败后，蚩尤在庐山脚下发现了铜矿，他们把这些铜制成了剑、矛、戟、盾等兵器，军威大振，便决心要为炎帝报仇。蚩尤联合了风伯、雨师和夸父部族的人，气势汹汹地来向黄帝挑战。黄帝生性爱民，不想征战，一直劝蚩尤休战。可是蚩尤不听劝告，屡犯边界。黄帝不得已，叹息道："若蚩尤掌管了天下，我的臣民就要受苦了。我若姑息蚩尤，那就是养虎为患了。现在他不行仁义，一味侵犯，我必须惩罚不义！"于是黄帝亲自带兵出征，与蚩尤对阵。

黄帝先派大将应龙出战。应龙会飞，能从口中喷水，它一上阵，就飞上天空，居高临下地向蚩尤阵中喷水。刹那间，汹涌的波涛直向蚩尤冲去。蚩尤忙命风伯雨师上阵。风伯和雨师，一个刮起满天狂风，一个把应龙喷的水收集起来，反过来两人又施出神威，把狂风暴雨甩向黄帝阵中。应龙只会喷水，不会收水，结果，黄帝大败而归。不久，黄帝重整军队，重振军威，再次与蚩尤对阵。黄帝一马当先，领兵冲入蚩尤阵中。蚩尤这次施展法术，喷烟吐雾，把黄帝和他的军队团团罩住。黄帝的军队辨不清方向，看不清敌人，被围困在烟雾中，杀不出重围。就在这危急关头，黄帝灵机一动，猛然抬头看到了天上的北斗星，斗柄转动而斗头始终不动，他便根据这个原理发明了指南车，认定了一个方向，黄帝这才带领军队冲出了重围。这样，黄帝和蚩尤一来二去打了七十一仗，结果是黄帝胜少败多，黄帝心中非常焦虑。

一天，黄帝苦苦思索打败蚩尤的方法，不知不觉昏然睡去，梦见九天玄女交给他一部兵书，说："带回去把兵符熟记在心，战必克敌！"说罢，飘然而去。黄帝醒后，发现手中果真有一本《阳符经》。

打开一看，只见上面写着几个象形文字："天一在前，太乙在后。"黄帝顿悟，于是按照玄女兵法设九阵，置八门，阵内布置三奇六仪，制阴阳二遁，演习变化，成为一千八百阵，名叫"天一遁甲"阵。黄帝演练熟悉，重新率兵与蚩尤决战。

为了振奋军威，黄帝决定用军鼓来鼓舞士气。他打听到东海中有一座流波山，山上住着一头怪兽，叫"夔"，它吼叫的声音就像打雷一样。黄帝派人把夔捉来，把它的皮剥下来做鼓面，声音震天响。黄帝又派人将雷泽中的雷兽捉来，从它身上抽出一根最大的骨头当鼓槌。传说这夔皮鼓一敲，能震响五百里，连敲几下，能连震三千八百里。黄帝又用牛皮做了八十面鼓，使得军威大振。为了彻底打败蚩尤，黄帝特意召来女儿女魃助战。女魃是个旱神，专会收云息雨，平时住在遥远的昆仑山上。黄帝布

置好阵容，再次跟蚩尤决战。
两军对阵，黄帝下令擂起战鼓，
那八十面牛皮鼓和一面夔皮鼓
一响，声音惊天动地。黄帝的
兵听到鼓声勇气倍增，蚩尤的
兵听见鼓声丧魂失魄。蚩尤看
见自己要败，便和他的八十一个兄弟施起
神威，凶悍勇猛地杀上前来。两军杀在
一起，杀得山摇地动，日抖星坠，难解难
分。黄帝见蚩尤确实不好对付，就令应龙
喷水。应龙张开巨口，江河般的水流喷射
而出，蚩尤没有防备，被冲了个人仰马翻。
他也急令风伯雨师掀起狂风暴雨向黄帝
阵中打去，只见地面上洪水暴涨，波浪滔
天，情况很紧急。这时，女魃上阵了，她
施起神法，刹那间从她身上放射出滚滚
的热浪，她走到哪里，哪里就风停雨消，
烈日当头。风伯和雨师无计可施，慌忙败
走了。黄帝率军追上前去，大杀一阵，蚩
尤大败而逃。蚩尤的头跟铜铸的一样硬，

以铁石为饭，还能在空中飞行，在悬崖峭壁上如走平地，黄帝怎么也捉不住他。追到冀州中部时，黄帝灵机一动，命人把夔皮鼓使劲连擂九卜，蚩尤顿时魂丧魄散，不能行走，被黄帝捉住了。黄帝命人给蚩尤戴上枷锁，把他杀了。害怕他死后还作怪，便把他的身体和头埋在了两个地方。蚩尤死后，他身上的枷锁才被取下来抛掷在荒山上，变成了一片枫树林，每片枫

叶，都像是蚩尤枷锁上的斑斑血迹。黄帝
打败蚩尤后，诸侯都尊奉他为天子。

（二）爱情神话

1.后羿与嫦娥的神话

相传在远古时候，有一年天上出现了
十个太阳，直烤得大地冒烟，海水枯干，
老百姓眼看无法再生活下去。这件事惊
动了一个名叫后羿的英雄，他登上昆仑山
顶，运足神力，拉开神弓，一口气射下九个
太阳。后羿立下盖世神功，受到百姓的尊
敬和爱戴，不少志士慕名前来拜师学艺。
奸诈刁钻、心术不正的逢蒙也混了进来。
不久，后羿娶了个美丽善良的妻子，名叫
嫦娥。后羿除传艺狩猎外，终日和妻子在
一起，人们都羡慕这对郎才女貌的恩爱
夫妻。

一天，后羿到昆仑山访友求道，巧遇
打此经过的王母娘娘，便向王母求得一

包不死药。据说，服下此药，能即刻升天成仙。然而，后羿舍不得撇下妻子，只好暂时把不死药交给嫦娥珍藏。嫦娥将药藏进梳妆台的百宝匣里，不料被逢蒙看到了。三天后，后羿率众徒外出狩猎，心怀鬼胎的逢蒙假装生病，留了下来。后羿率众人走后不久，逢蒙手持宝剑闯入内宅后院，威逼嫦娥交出不死药。嫦娥知道自己不是逢蒙的对手，危急之时她当机立断，转身打开百宝匣，拿出不死药一口吞了下去。嫦娥吞下药，身子立时飘离地面、冲出窗口，向天上飞去。由于嫦娥牵挂着丈夫，便飞落到离人间最近的月亮上成了仙。

傍晚，后羿回到家，侍女们哭诉了白天发生的事。后羿既惊又怒，抽剑去杀恶徒，逢蒙早逃走了。气得后羿捶胸顿足哇哇大叫。悲痛欲绝的后羿，仰望着夜

空呼唤爱妻的名字。这时他惊奇地发现，今天的月亮格外皎洁明亮，而且有个晃动的身影酷似嫦娥。后羿急忙派人到嫦娥喜爱的后花园里，摆上香案，放上她平时最爱吃的蜜食鲜果，遥祭在月宫里眷恋着自己的嫦娥。百姓们闻知嫦娥奔月成仙

的消息后，纷纷在月下摆设香案，向善良的嫦娥祈求吉祥平安。从此，中秋节拜月的风俗在民间传开了。

嫦娥奔月的故事以鲜明的态度和绚丽的色彩歌颂、赞美了嫦娥，与古文献有关嫦娥的记载相比较，可见人们对嫦娥奔月的故事做了很多加工、修饰，使嫦娥的形象与月同美，使之符合人们对美的追求。与现代流传甚广的"嫦娥奔月"相左，《全上古文》辑《灵宪》则记载了"嫦娥化蟾"的故事："嫦娥，羿妻也，窃王母不死药服之，奔月。将往，枚占于有黄。有黄占之：曰：'吉，翩翩归妹，独将西行，逢天晦芒，毋惊毋恐，后且大昌。'嫦娥遂托身于月，是为蟾蜍。"嫦娥变成癞蛤蟆后，在月宫中终日被罚捣不死药，过着寂寞清苦的生活，李商隐曾有诗感叹嫦娥："嫦娥应悔偷灵药，碧海青天夜夜心。"

（三）创世神话

1.女娲神话

《山海经·水经注》中，有一位女神，名叫女娲。女娲长得什么样呢？传说她是人首蛇身。女娲是一位善良的神，她为人类做过许多好事。她创造了人类，让男女结婚，还给人类造了一种叫笙簧的乐器。而使人们最为感动的，莫过于女娲补天的故事。

盘古开辟了天地，用身躯造出日月星辰、山川草木。残留在天地间的浊气慢慢化作虫鱼鸟兽，给沉寂的世界增添了生气。

这时，有一位女神——女娲，在这莽莽的原野上行走。她放眼四望，山岭起伏、江河奔流、丛林茂密、草木争辉、天上百鸟争鸣，地上群兽奔驰，水中鱼儿嬉戏，草中虫豸跳跃。世间万物已是如此美好，但是她总觉得有一种说不出的寂寞，越看越烦，孤寂感越来越强烈，连自己也弄不清楚到底是为什么。与山川草木诉说心中的烦躁，山川草木根本不懂她的话；对虫鱼鸟兽倾吐心事，虫鱼鸟兽哪能了解她的苦恼？她颓然坐在一个池塘旁边，茫然看着池塘中自己的影子。忽然一片树叶飘落池中，静止的池水泛起了小小的涟漪，使她的影子也微微晃动起来。她突然觉得心头的死结解开了，是啊，为什么她会有那种说不出的孤寂感？原来是世界上缺少一种像她一样的生物。

想到这儿，她马上用手在池边挖了些泥土，和上水，照着自己的影子捏了起来。她感到很高兴。捏着捏着，捏成了一个小小的东西，模样与女娲差不多，也有五官七窍，双手两脚。捏好后往地上一放，居然活动起来。女娲一见，满心欢喜，接着又捏了许多。她把这些小东西叫

做"人"。这些"人"是仿照神的模样造出来的，神态举动自然与别的生物不同，居然唧唧喳喳地讲起和女娲一样的话来。他们在女娲身旁欢呼雀跃了一阵，慢慢走散了。

女娲那寂寞的心一下子热乎起来，她想把世界变得热热闹闹的，让世界到处都有她亲手造出来的人，于是她不停地工作，捏了一个又一个。但是世界毕竟太大了，她工作了很久，双手都捏得麻木了，捏出的小人分布在大地上仍然显得太稀少。她想这样下去不行，就顺手折下一条藤蔓，伸入泥潭，沾上泥浆向地上挥洒。结果点点泥浆变成一个个小人，与用手捏成的模样相似，这样一来速度就快多了。女娲见新方法奏了效，越洒越起劲，大地就到处都是人。

女娲在大地上造出许多人来，心中高兴，寂寞感一扫而空。她觉得很累了，想休息一下，到四处走走，看看那些人生活得怎么样。一天，她走到一处，见人烟稀少，十分奇怪，俯身仔细察看，见地上躺着不少小人，一动也不动，她用手拨弄，也不见动静，原来这是她最初造出来的小人，已头发雪白，寿终正寝了。女娲见了这种情形，心中暗暗着急，她想到自己辛辛苦苦造人，人却不断衰老死亡。这样下去，若要使世界上一直有人，岂不要永远不停地制造？这总不是办法。

结果女娲参照世上万物传种接代的方法，叫人类也男女配合，繁衍后代。因为人是仿神的生物，不能与禽兽同等，所以她又建立了婚姻制度。后世人就把女娲奉为"神媒"。

当人类繁衍起来后，共工氏和颛顼却打起仗来，他们从天上一直打到地下，闹得四处不宁，结果颛顼打胜了，然而败了的共工

不服，一怒之下，把头撞向不周山。不周山崩裂了，支撑天地的大柱折断了，天倒下了半边，出现了一个大窟窿，地也出现一道道大裂纹，山林烧起了大火，洪水从地底下喷涌出来，龙蛇猛兽也出来吞食人类。人类面临着空前的大灾难。

女娲目睹人类遭到如此奇祸，感到无比痛苦，于是决心补天，以终止这场灾难。她选用各种各样的五色石子，架起火将它们熔化成浆，用这种石浆将残缺的天窟窿填好，随后又斩下一只大龟的四脚，当做四根柱子把倒塌的半边天支起来。女娲还擒杀了残害人民的黑龙，遏制住了龙蛇的嚣张气焰。最后为了堵住洪水不再漫流，女娲还收集了大量芦草，把它们烧成灰，封堵向四处铺开的洪流。

经过女娲一番辛劳整

治，苍天总算被补上了，地被填平了，水也止住了，龙蛇猛兽销声匿迹了，人们又重新过上安乐的生活。但是这场特大的灾祸毕竟留下了痕迹。天还是有些向西北倾斜，因此太阳、月亮和众星晨都很自然地归向西方，又因为地向东南倾斜，所以一切江河都往东方汇流。

（四）治世神话

1. 炎帝的神话

女娲补天之后，又经过不计其数的春秋寒暑，在一个普通的黄昏，西边残阳如血，东边晶莹的圆月已悄悄攀上了柳梢，少典氏的新娘任姒仍在姜水岸边踯躅，她是一位年轻漂亮、多愁善感的女子，她的心思谁也猜不透。

突然，一道红光自碧波深处激射而出，任姒猛抬头，见一条赤髯神龙升至半空，双目发出两道神光，与

她的目光交接。刹那间，任姒只觉心灵悸动，似有所感，她用手拭一拭眼睛，定一定神，再定睛望去，只见暮色渐合，天空河水，都黑糊糊的，哪有什么神龙？神龙见首不见尾，可任姒却怀孕了，足月产下一子，牛首人身，即以姜水之姜为姓。此子乃南方火德之帝，故号炎帝。

炎帝是位极其仁慈、极具爱心的神。他见人口日趋增多，自然资源逐渐匮乏，顿生忧患意识，禽兽、果实自然生长的脚步怎赶得上人类飞速繁殖的规模？一旦野生动植物食尽，天下黎民岂不要饥饿而死？炎帝愁啊愁，想啊想，一直想了九九八十一个昼夜，终于豁然开朗：何不教民种植，用劳动的汗水来换取生存必需的资料呢？刚想到这里，天空中纷纷扬扬飘落下无数黍、稷、麻、麦、豆来。炎帝把这些谷种收集聚拢，命名

为五谷，嘱咐百姓季春时节将其播种在开垦过的土里，待其出苗，移栽于潮湿之地，再施肥滋养，拔除杂草，依此而行，必能获得丰收。炎帝见耕作栽插十分辛苦，就断木作耜，揉木作耒，创制农具，令民间依式造用；并委任仙人赤松子为雨师，观测气象，调节晴雨，于是年年五谷丰登。民众鼓腹而歌，感念炎帝的功德，尊称他为"神农"。

炎帝不单单是农业神，同时也是医药神、商业神。他巡视四方，见百姓面多黄肿，有风湿之病，心中甚不安宁，当即踏遍三山五岳，采集天下异草，用赭鞭逐一抽打，药草经过鞭挞，无论有毒无毒，或寒或热，各种性质都会呈露出来。他就依据药草的不同药性，给病人疗疾。

为了进一步辨识药物的性味和功能，便于救死扶伤，炎帝又亲尝百草，以身试药。他先尝甘草，味甘性平能泻火解毒；次嚼乌梅，齿酸生津且涩肠敛肺；啮

花椒而气开，啖辣芥则涕泪；诸如此类，不胜枚举。平均一天之内，中毒七十二次，幸亏他的身体玲珑透明，从外面即可看清五脏六腑，所以能够马上知晓中毒部位，找到解救的方法。炎帝试毕百草药性，将温、凉、寒、热的药物各置一处，按照君臣佐使之义，撰写成医书药方，以造福人类。医学一科，自此建立。

炎帝还辟市场，倡贸易，鼓励大家互通有无，调剂余缺，以提高生活质量，开了经商的先河。炎帝的夫人所生的男孩名叫炎居。火神祝融就是炎居的后代。共

工的儿子术器生有异相，他的头顶平整如削；共工的另外一个儿子叫后土，乃土地之神。后土生下时间神噎呜，噎呜有十二个孩子，他们是困敦（子年）、赤奋若（丑年）、摄提格（寅年）等十二太岁神。

炎帝的四女儿是姐妹群里最美艳、最时髦、最多情的，她好憧憬，好做花季少女粉红色的梦，几度在梦中，英俊的公子已经骑着马来接她了，却屡屡被灵鹊儿惊醒。常言道天妒红颜，佳人薄命，四姑娘竟无端地缠绵床塌，患了无名的绝症，花园里、小河边，再也听不到她银铃般的笑声。炎帝虽是医药之神，但药能医病，不能医命，姑娘最终香消玉殒。她的尸身葬在花团锦簇的姑瑶山上，香魂化作芬芳的茎草。茎草花色嫩黄，叶子双生，结的果实似菟丝。女子若服食了茎草果，便会变得明艳性感，招人喜欢。

茎草在姑瑶山上，昼吸日精，夜纳

月华，若干年后，修炼成巫山神女，芳名瑶姬。大禹治水，一路凿山挖河，来到巫山脚下，准备修渠泄洪。陡然间，飓风暴起，刮得暗无天日，地动山摇，飞沙走石，层层叠叠的洪峰，像连绵的山峦扑面而来。大禹措手不及，撤离江岸，去向巫山神女瑶姬求助。瑶姬敬佩大禹摩顶放踵以利天下的精神，哀怜背井离乡、倾家荡产的灾民，当下传授给大禹差神役鬼的法术、防风治水的天书，帮助他止住了飓风；又派遣侍臣狂章、虞余、黄魔、大翳、庚辰、童律、鸟木田，祭起法宝雷火珠、电蛇鞭，将巫山炸开一条峡道，令洪水经巫峡从巴蜀境内流出，涌入大江。饱受洪灾之苦的巴蜀人民终于得到了拯救。

2.鲧和禹的神话

相传在尧的时代发生了一场

大洪水，大家一致推举鲧去治理洪水，他首先奔赴天庭，央求天帝收回洪水，还给人们安宁的生活，可是没有奏效。于是他采用"堵"的方法治水，把高地的土垫在低处，堵塞百川。然而治水九年，洪水仍旧泛滥不止。正当他烦闷之际，一只猫头鹰和一只乌龟相随路过，告诉他可以盗取天庭至宝"息壤"来堙塞洪水。鲧深知此举的罪责，但是看到受尽煎熬的人民，他义无反顾排除万难，盗出了"息壤"。"息壤"果然神奇，撒到哪里，哪里就会形成高山挡住洪水，并随水势的上涨自动增高。天帝知道鲧盗"息壤"的事情后，派火神祝融将鲧杀死在羽郊，取回了"息壤"，洪水再次泛滥。鲧死不瞑目，尸体三年不烂，天帝知道后怕鲧变成精怪，再次派祝融拿着天下最锋利的"吴刀"剖开鲧的肚子看个究竟。可是奇迹发生了，从鲧的肚子里跳出一个人来，他就是鲧的儿子禹。他是一个精明能干、大公无私

的人。大禹请来曾经治水的长辈总结过去失败的原因，并且经过实地考察，制订了一个切实可行的方案：一方面加固并继续修筑堤坝，另一方面，用"疏导"的办法根治水患。大禹亲自率领二十七万治水群众，全面进行疏导洪水的劳动。大禹除了指挥外，还参加劳动，为群众做出了榜样。他手握木锸，不辞辛劳、废寝忘食、夜以继日。在治理洪水中，大禹曾三次路过自己家门口而不入。在他的领导下，人们经过十三年的艰苦劳动，终于疏通了九条大河，使洪水沿着新开的河道服服帖帖地流入大海。在治水的同时，大禹和治水的大军还大力帮助老百姓重建家园，修整土地，恢复生产，使大家过上了安居乐业的生活，完成了流芳千古的伟大业绩。对于大禹的功绩，人民歌颂

他，感谢他，怀念他，当时人们把整个中
国叫"禹城"（意为大禹治理过的地方）。
在浙江省绍兴市稽山门外，人们修建了夏
禹的陵墓——禹陵，以纪念他的丰功伟
绩。禹的父亲鲧不计生死、为了拯救百姓
而触犯天庭的大无畏精神，堪与希腊神
话中为了将火种带向人间而冒犯宙斯的
普罗米修斯相媲美。

三、百科全书《山海经》

（一）对佩饰的记载

除了记载许多神话外，《山海经》中还有关于人类佩戴饰物的记载，多处写到玉，如"泰山，其上多玉"（《东山经》），"竹山……其中多水玉"（《西山经》），"夏后启于此舞九代……佩玉璜"（《海外西经》），"其十四神皆彘身而戴玉"（《北山经》）。玉是石之美者，先民

常以玉作器皿，为饰物。他们不仅佩戴玉，还佩戴一切可以趋吉避凶的装饰品，如："其名曰旋龟，其音如判木，佩之不聋。""基山有兽焉，其状如羊，九尾四耳……佩之不畏。"（《南山经》）这些饰物既美观又实用，人们自然乐于佩戴。而玉若不产于海，便产于山，采集颇为不易。中国是玉文化最发达的国家，汉字中以玉为偏旁的字多达百余个，历代玉器饰物品种数以万计，美轮美奂。"爱美之心，人皆有之。"孟子认为爱美是人性的表现，其实乃是一种文化心理，与物质生产同步，与风俗习惯同构，反映人类最初的审美自觉，《山海经》对此作了珍贵的记录。

（二）对原始歌舞的记载

《山海经》记述了原始的歌舞。歌舞本乎情性，伴人类劳作而产生，出于自娱和娱人的需要。如所谓"情动于中而形于言，言之不足故嗟叹之，嗟叹之不足故咏歌之，咏歌之不足，不知手之舞之足之蹈之也"。夏禹的儿子夏启是中国传说中的歌舞之神，他左手操翳，右手操环，在大乐之野舞九代。九代原是天宫的乐舞，是他到天帝那儿做客偷学来的。揭开

其神秘面纱，可以想见原始先民集体载歌载舞的情景，如今非洲与拉丁美洲一些部落还保留此种古老习俗。中国古籍中有《九韶》，《楚辞》中有《九歌》《九章》《九辩》，从中不难发现其渊源关系。此外，黄帝以夔皮为鼓，刑天操干戚以舞，女丑尸"以右手鄣其面"，雷神"鼓其腹则雷"，都可以见到原始歌舞的某种迹象。"祝融生太子长琴，是处榣山，始作乐风。"（《大荒西经》）长琴是中国原始音乐的创始者之一。"枭阳国在北朐之西，其为人，人面长唇，黑身有毛，反踵，见人笑亦笑，左手操管。"（《海内南经》）大嘴，反踵，善于做表情，是歌舞者的天赋，其左手所执之管，便是乐器。《山海经》关于跂踵国（《海外南经》）、交胫国（《海外北经》）的记载，着眼其腿部形体特征，跋踵、交胫都是原始乐舞。

（三）对珍禽异兽的记载

《山海经》记载了不同地域的数百种珍禽异兽，具体描绘其形态特征与生长环境。兽类有猩猩、白猿、九尾狐、彘、象、羚羊、牦牛、熊罴、麝虎、豹、麋鹿、天狗、狰、玃、橐驼、犰狳等百十种；禽类有凤凰、尸鸠、鸾鸟、比翼鸟、三青鸟、鹗、鹅、黄鸟、䳌鸪鸟、驾鸟、鸠、鹄、三足鸟、五彩鸟、狂鸟、玄鸟等百十种。《山海经》图文并茂，观察精细，描绘生动，虽或有夸张，却大致可信。如"鹿台之山……有鸟焉，其状如雄鸡而人面，名曰凫徯，其鸣自叫也，见则有兵"（《西山经》）。"其状如鹊，赤黑而二首四足，可以御火"。（《西山经》）所谓"人面"，当

时人类蓬头垢面、瘦脸尖腮，与禽鸟无异；二首四足应是对禽，比翼鸟、鸳鸯、燕子之类，并颈比翼，形影不离。鱼类则有赤鲑、鲇鱼、鲦鱼、文鳐鱼、冉遗鱼、滑鱼、鲳鱼、鳙鱼、珠鱼、豪鱼、飞鱼、鲛鱼、文鱼、修辟鱼等百余种，与人类生活密切相关。如鲇鱼，"见则天下大旱"；鳐鱼，"动则其邑有大兵"；文鳐鱼食之能治狂疾；食鲭鱼可以治赘疣；豪鱼、修辟鱼对治白癣有疗效，虽未获科学验证，却绝非无稽之谈。其他尚有爬虫类、贝类等等。草木则从略，与山水结合，如荆山、葛山、神囷之山、翠山、竹山、松果之山、华山、丰山、荣山、空桑之山……中国向来有格物致知的传统，孔子说过："多识于鸟兽草木之名。"《礼记》云："致知在格物，物格而后知至。"可是中国人又重道德，贵虚无，老子主张"弃圣绝智"，庄子认为"外物不可必""无用之为大用"，后世更注重性命义理之学，这也许是中国科技不甚发达的原因之一。从这一角度看《山海经》，就不仅有博物学的内涵，还有认识论的意义。西晋张华的《博物志》是中国第一部较完整的博物学著作，渊源则来自《山海经》。《山海经》开中国植物学、动物学先河，格物致知，是一切文化的源头。

（四）对天文历法的记载

上古时候的星历学家"敬授民时""示民时早晚"，主要是靠观测天象（即日、月、星、辰的运行规律）来实现

北斗七星

北极星

勾陈一（北极星）

天相·帝 太子

的。观天象，主要是观日象，即观测太阳东升西落的位置及其投影长短的变化规律；观月象，即观测月亮的阴晴圆缺和朔（既死魄）、望（既生魄）、晦、上弦、下弦、旁生魄、旁死魄等月相变化规律；观北斗，即观测北斗柄昼夜和四季指向的变化规律；观五星，即观测金木水火土五大行星的各自运行周期；观二十八宿，即观测它们每一个星宿（特别是心宿和参宿）的运行规律。古人凭借这些天象观测，就能确定一天的十二个时辰，每月的合朔时刻，以及一年的四季、十二月和二十四节气等等。因此，太阳东升西落的东方和西方以及一天的清晨（平旦）、日中（卯时）和初昏（酉时），便成了上古人们观测太阳位置及其投影长短变化，以定时辰和季节

的最佳选择。每天的初昏（酉时）、中夜
（晚上十二点）和清晨（平旦）便成了古
人观测北斗运转规律、五星运行周期和
二十八宿运行规律以定时节的最佳时刻。
这便是《山海经》中"是处东极隅以止日
月，使无相间出没，司其短长"（《大荒东
经》），"有人名曰石夷……处西北隅，以
司日月之长短"和"噎处于西极，以行日
月星辰之行次"（《大荒西经》），以及东
方之神句芒司日出（《海外东经》），西方
之神少昊蓐收"主司反影"，"西望日之
所入，其气员，神红光（即蓐收）之所司
也"（《西山经》），《大荒东经》与《大荒
西经》分别记有六个"日月所出"和"日月
所入"之山的缘由。

　　《大荒东经》和《大荒西经》分别
标记的六座"日月所出"和"日月所入"之
山，是我国上古时代的人们根据太阳东
升西落的不同位置来测定季节的最早办
法，是表杆测影的最早固定记载。《大荒

东经》所载的"日月所出"的六个山头中，第一个山头"东海之外，大荒之中，有山名曰大言，日月所出"，所记当是立春、雨水时候的太阳东升位置；第二个山头"大荒之中，有山名曰合虚，日月所出"，所记当是惊蛰、春分时候的太阳东升位置；第三个山头"大荒之中，有山名曰明星，日月所出"，所记当是清明、谷雨时候的太阳东升位置；第四个山头"大荒之中，有山名曰鞠陵于天、东极、离瞀，日月所出"，所记当是立夏、小满时候的太阳东升位置；第五个山头"大荒之中，有山名曰猗天苏门，日月所出"，所记当是芒种、夏至时候的太阳东升位置；第六个山头"大荒之中，有山名曰壑明俊疾，日月所出"，所记当是小暑、大暑时候的太阳东

升位置。

而《大荒西经》所载的六个山头"西海之外，大荒之中，有方山者，上有青树，名曰柜格之松，日月所入也""大荒之中，有山名曰丰沮玉门，日月所入""大荒之中，有龙山，日月所入""大荒之中，有山名曰日月山，天枢也……日月所入""大荒之中，有山名曰鏖鏊钜，日月所入""大荒之中，有山名曰常阳之山，日月所入""大荒之中，有山名曰大荒之山，日月所入"，其所记分别是立秋、处暑；白露、秋分；寒露、霜降；立冬、小雪；大雪、冬至；小寒、大寒时候的太阳西落位置。

《山海经·海外南经》所载："六合之间，四海之内……照之以日月，

经之以星辰，纪之以四时，要之以太岁。神灵所生，其物异形，或天或寿，唯圣人能通其道。"概括了《山海经》时代在天文历法方面的全部成就。它告诉我们，在《山海经》成书以前，被尊为"圣人"的星历家们，就已"能通其道"，精确地掌握了日月星辰的运行规律，并会用它们的变化规律来调配年、月、日、时等时令节候，还懂得用木星（即岁星）的运行周期（即以"岁星"和"太岁"）来纪年。

《山海经》所说的"星辰"，是指北斗和金木水火土五大行星以及恒星中的二十八宿。《山海经》中虽未具体提到北斗和北斗柄指向的观测，但在《山经》之首的《南山经》"凡鹊山之首，自招摇之山，以至箕尾之山，凡十山"中，不仅提到了二十八宿东方苍龙七宿中的箕宿和尾宿，而且提到了北斗柄"招摇"，可见当时的古人对北斗并不陌生。从河南濮阳西水坡45号墓葬中，用两根人胫骨和蚌壳摆塑成的略呈三角形的斗魁的北斗图像来看，几千年前的古人，就已熟练地掌握了运用北斗柄的指向变化来定时间和节气的技术，而且从北斗星的斗魁"略呈三角形"，还可证实，当时人们对北斗星的观察已经积累了相当长的历史经验，到《山海经》成书之时，北斗及"三辰"授时体系早已成为妇幼皆知的常识。

《山海经》成书前的古人，不仅懂得以"日月星辰之行次"来记"四时"（春夏秋冬），而且还早在距今六七千年前，就将四方、四象、四时、四方之风、四方之神及阴阳、五

行、干支和九宫八卦、四正、四维、八节等等概念有机地组合在一起，形成了一个完整、严密而科学的天象授时体系。如东方甲乙木，其象苍龙，其时为春，其神句芒，其卦为震，四正为春分，四维为立春、立夏。南方丙丁火，其象朱雀，其时为夏，其神祝融，其卦为离，四正为夏至，四维为立夏、立秋。西方庚申金，其象白虎，其时为秋，其神少昊、蓐收其卦为兑，四正为秋分，四维为立秋、立冬。北方壬癸水，其象玄武，其时为冬，其神禺强，其卦为坎，四正为冬至，四维为立冬、立春。中宫戊巳土。

我国属于北半球，中部腹地，特别是中原地区都处在北回归线的南北地带。我们都知道地球绕着太阳转，但我国先民认为，是太阳绕着地球，在地球的南北回归线之间作"之"字形运转。当太阳处在南回归线的上空时，这天是一年中白天最短的一天（"日短星昴"），即为"冬至"。冬至以后，太阳即向北回归，当太阳移到地球的赤道上空时，这天昼夜平分（"日中星鸟"），即为"春分"。春分之后，太阳继续北移，当太阳移到北回归线的上空时，这天白天最长（"日永星火"），即为"夏至"。夏至之后，太阳即掉头向南移动。当太阳移到地球赤道上空时，这天又昼夜平分了（"宵中星虚"），即为"秋分"。秋分之后，太阳继续南移，当太阳回到南回归线的上空时，这天便是第二个（即下一年的）冬至了。因此，从我国人民（特别是中原地区人民）的视角来看，正东方向和正西方向就是北回归线的东西两极。从太阳的视角来说，当太阳出现在地球赤道线的上空，即夏历二月的"春分"或夏历

八月的"秋分"，这时太阳的方位，日出则为"东南隅"，日落则为"西北隅"。春分和秋分昼夜平分，白天和夜晚的时间一样长。《汉乐府·陌上桑》中"日出东南隅，照我秦氏楼"说的正是二月春分日出时的情景。《周髀算经》云："冬至昼极短，日出辰而入申""夏至昼极长，日出寅而入戌"（即冬至日出东南而没于西南；夏至日出东北而没于西北）。据此，我们可以推断，《大荒东经》中东方之神"析丹……处东极以出入风"所司的时节是谷雨；《大荒南经》中南方之神"处南极以出入风"所司的时节是大暑；《大荒西经》中西方之神"石夷……处西北隅，以司日月之长短"所司的时节是秋分；《大荒北经》中北方之神"处东北隅以止日月，使无相间出没，司其短长"所司的时节是夏至。

《海外东经》载："（禹）帝命竖亥步，自东极至于西极，五亿十万九千八百步。竖亥右手把算，左手指青丘北。"又据郝懿行引刘昭注《郡国志》云："《山海经》称禹使大章步自东极至于西垂。二亿三万三千三百七十一步。又使竖亥步南极北尽于北垂，二亿三万三千五百七十五步。"而《淮南子·地形训》亦曰："禹乃使大章步自东极至于西极，二亿三万三千三百七十一步。使竖亥自北极至南极，二亿三万三千五百七十五步。""东极至于西极"（或西垂），所指正是地球北回归线的东西两极。据此可知夏禹时代，曾组织人们（如竖亥和大章）对地球的北回归线和南北子午线的长度进行过实测。

《山海经》全面总结并运用了自炎黄、少昊、颛顼、帝喾以来"谓以天之七曜（即日月五星），二十八星（宿），周于穹圆

之度，以丽十二位"（《隋书·天文志》），

"建五行，起消息，正闰余"（《史记·历书》），"正四时""分八节""期三百有六旬有六日，以闰月定四时成岁"（《尚书·尧典》）的完整而科学的"观象授时"体系，这种观象授时体系具有极强的实践性、科学性、系统性与精确性。

在纪时方法上，《山海经》不仅采用了共工"步十日四时"，即以十日为一旬、三旬为一月的十天干纪日法和十二地支纪月法，还采用了春夏秋冬"四时"以及"八节"与二十四节气为一年、十二年为一周期的岁星和太岁纪年法等。有人认为，甲骨文"四方风刻辞的存在，正是商代有四时的最好证据"。并说四方"四名本身，便蕴涵着四时的概念"。其实，关于"四时"即春夏秋冬的概念，早在炎黄和少昊之世，就已十分明确，如"黄帝调历以前，有上元太初历等。皆以建寅为正，谓之孟春也""黄帝得宝鼎神策是岁已酉

朔旦冬至，得天之纪，终而复始""凤鸟
适至，故纪于鸟，为鸟师而鸟名。凤鸟氏，
历正也。玄鸟氏，司分者也。伯赵氏，司
至者也。青鸟氏，司启者也。丹鸟氏，司闭
者也"。"分"指春分和秋分，"至"指夏
至和冬至，"启"指立春和立夏，"闭"指
立秋和立冬。夏禹和伯益所作的《五藏山
经》也反复出现了春夏秋冬四季。如《南
山经》云："（南禺之山）有穴焉，水出辄
入，夏乃出，冬则闭。"《西山经》云："西
北三百里曰申首之山，无草木，冬夏有
雪。"《北山经》云："教水出焉……是水
冬干而夏流"。可见"四时的概念"到商
代才"正式"出现的说法，恐怕是太晚了
点。

以子丑寅卯十二辰（支）为一周期
的岁星和太岁纪年法，最先是依据木星
（亦称岁星）行经一周天为十二年来计算
的。岁星纪年法是将木星绕地球运行的
一个周天均匀划分为星纪、玄枵、娵訾、

降娄、大梁、实沉、鹑首、鹑火、鹑尾、寿星、大火、析木十二次（亦叫辰或官）以代替子丑寅卯等十二支，即十二辰。当木星（岁星）运行到"星纪"范围，这年就叫"岁在星纪"，运行到"玄枵"范围，这年就叫"岁在玄枵"。从历史典籍所载："（颛顼）岁在鹑火而崩，葬东郡"（《史记·五帝本纪》索引），以及"（成汤）伐桀之岁……岁在大火，房五度"（《汉书·律历志》）和"武王伐纣，岁在鹑火"（《国语·周语》）等等来看，我国的岁星纪年法，至少从颛顼时代就已施行了。

《海内经》云："炎帝生炎居……戏器生祝融，祝融生共工，共工生后土"，"后土生噎鸣，噎鸣生岁十有二"。《大荒西经》曰："大荒之中，有山名曰日月山，天枢也……日月所入。有神人面无臂……名曰嘘。颛顼生老童，老童生重及黎。帝令重献上天，令黎邛下地。下地是生噎，处于西极以行日月星辰之行次。"（噎即噎鸣）《大荒西经》还说："大荒之中有龙山，日月所入。有三泽水，又曰三淖，昆吾之所食也。"史书记载，祝融就是重黎和吴回，而昆吾是吴回之孙、陆终之子。如此则噎显系重黎及其后人所化，而昆吾"无右臂"（《大荒西经》："有人名曰吴回，奇左，是无右臂"），是住西方龙山主司日月之所入者。而处大荒之中（西极）的"日月山"，司"日月所入"（即日月之行次）的"噎"，同样是一位"无臂"的神人，而且这位神人还是"世叙天地而别其分主者"的（重）黎"下地"时所生。由此可见，这个"生岁十有二"的噎鸣及"祝融降四神，奠三天""步十日四时"是"格天化"（《楚帛书·乙编》），即将一年分为春夏秋冬四季，一月分为上中下三旬和木星（即岁星）十二年行经一周天神话

化。"令重献上天，令黎邛下地"（献者举也，邛者抑也），说的就是颛顼之时，重黎和吴回把"九黎乱德"时期，天文历术方面出现的混乱状况纠正过来，"使复旧常，无相侵渎"即所谓"绝地天通"。

太岁纪年法，可以说是对"岁星纪年法"的改进。同是以子丑寅卯等十二辰为一周期，其"十二岁阴名"依次为困敦、赤奋若、摄提格、单阏、执徐、大荒落、敦牂、协洽、涒滩、作噩、阉茂、大渊献。当"太岁"在子，这年便叫困敦之年；太岁在丑，这年便叫赤奋若之年；"太岁"在寅，这年便叫摄提格之年等等。既然《海外南经》已经记载了"经之以星辰，纪之以四时，要之以太岁……圣人能通其道"的情况，那么，太岁纪年法同岁星纪年法一样，亦是几千年前的事了。

《山海经》所记载的通过观测"日月星辰之行次"的变化规律来调配和计量年、月、日、时的"敬授民时"法，具有极

强的实践性和科学性。我国的天文历术，

就是将这种长期客观实践上升为理论的

科学产物。

舜帝陵

四、《山海经》对后世文学的影响

　　《山海经》的文学价值是丰富多彩的，其中包含着丰富的神话思维，它对浪漫主义文学创作传统有巨大而深远的影响。

　　《山海经》记述的著名神话故事有黄帝战蚩尤的故事、西王母的故事、夸父逐日的故事、精卫填海的故事、刑天舞干戚的故事、夏启的故事、女英娥皇的故事、嫦娥的故事、羲和的故事等等。这些

故事在后世大都耳熟能详，成为二度创作、三度创作的素材。

"应龙处南极，杀蚩尤与夸父，不得复上。故下数旱，旱而为应龙之状，乃得大雨。"（《大荒东经》）应龙是传说中黄帝战胜蚩尤的得力帮手，又辅佐大禹治水，以尾画地，疏浚洪水入海。后来去了南方，故南方多雨，未到之处常常发生干旱，民间乃仿应龙之状祈雨，这便是龙王传说与龙王庙的由来。《述异记》载："蛟千年化为龙，龙五百年为角龙，千年为应龙。"《桓子新论》载："向求雨所以为土龙者，何也?曰：龙见者，辄有风雨兴起以送迎之，故缘其象类而为之。"龙文化在中国民间极为常见，成为民歌、故事、戏剧的题材，进入风俗祭祀领域，应溯源于《山海经》。《山海经》所列举的天神系列，既是自然神，又是人格神，往往与历史融合，介于天人之间，也有不少离经叛道之处，如关于马首龙身神、彘身

人首神、人面牛身神、人面三首神、豕身人面十六神、龙身鸟首神等等，均名不见经传，是神仙系列之异端，与后世的神魔小说《封神榜》《西游记》《平妖传》等一脉相承。著名话本小说《镜花缘》写海外列国的奇风异俗、人物掌故，于《山海经》中已见端倪。中国各民族品类庞杂、内容离奇的民间故事，有一些也是以《山海经》为蓝本改编的。

夸父的神话故事见于《山海经》，而《淮南子》与《列子》中也有记载，皆是据《山海经》而写就的。其后的《神异经》里那位在东南大荒的巨人朴父，由夸父、博父、朴父的音义来看，此朴父疑亦夸父演化而成的巨人。又据茅盾《中国神话研究ABC》所说，《列子·汤问》中愚公移山的故事，是由夸父逐日神话演变而

成，据"帝命夸娥氏二子
负山"来看，夸娥极有可能
是由夸父演化来的。《中
山经》姑瑶之山的瑶草，
是未出嫁而早死的帝女精
魂化成的，演化为《庄子》
里藐姑射山的绰约神女寓
言，其后再化为宋玉《高
唐赋》的巫山神女朝云，
再化而为杜光庭《仙录
书》中的西王母第二十三
女瑶姬，再化而为曹雪芹
《红楼梦》里的绛珠仙草
林黛玉。《山海经》中北
海海神变为风神的禺强，即是《庄子》寓
言的鲲鹏之变的根源。《庄子·应帝篇》
中"倏忽为混沌凿七窍"则是来自《北山
经》混沌无面目的天山神灵。庄周梦蝶的
寓言则是受《山海经》中变化神话的启
迪。

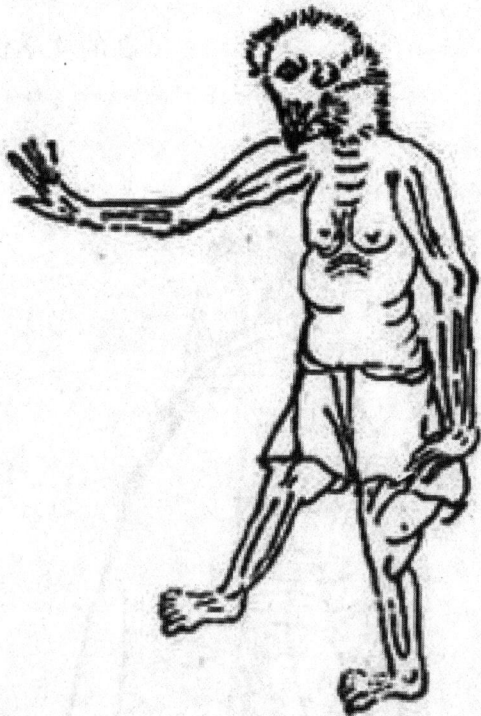

在《山海经》中存在大量的创世神、祖先神、自然神、图腾神等，这些神以及与其相关的神话传说，不仅本身具有很高的文学价值，而且为后世的文学创作提供了取之不尽、用之不竭的素材。这些神话传说构成了原始文化的核心和理论体系，深刻地影响到原始文化的许多方面，诸如历史、艺术、文学等。中国文学发展史上浪漫主义文学以神话中诸神为创作题材的作品不胜枚举。

战国时代屈原的浪漫主义文学作品《九歌》中的《湘君》《湘夫人》所记述的舜帝之二妃就是直接取自《山海经》："洞庭之山……帝之二女居之，是常游于江渊。澧、沅之风，交

潇、湘之渊，是在九江之间，出入必以飘风暴雨。是多怪神，状如人而载蛇，左右手操蛇。"

这里的"帝"指尧，尧的两个女儿娥皇、女英一同嫁给了舜。舜南巡时死于苍梧，娥皇、女英赶往当地寻找，却没有找到，死于湘江，成为传说中的湘水之神。

《山鬼》也明显受到《山海经》中众山神的影响。汉代如《神异经》《十洲记》不仅直接受到《山海经》的影响，而且在形式和内容上多有模仿的痕迹。如《神异经》记载一个叫诞的讹兽云："西南荒中出讹兽，其状若菟，人面能言，常欺人，言东而西，言恶而善。其肉美，食之，言不真矣。"其中对怪兽的叙述与《山海经》中对许多怪兽的叙述几乎完全相同。

再如《神异经》中对"天柱"的记述，也和《山海经》中对起天梯作用的扶木、建木的记述十分相像："昆仑之山有铜柱焉，其高入天，所谓天柱也，围三千里，周圆如削。下有回屋，方百丈，仙人九府治之。上有大鸟，名曰希有，南向，张左翼覆东王公，右翼覆西王母。背上小处无羽，一万九千里，西王母岁登翼上，会东王公也。"

值得一提的是汉代的一部经典文献《淮南子》，随着其文学价值逐渐被发掘出来，我们发现其体现出的文学价值在许多方面明显受到《山海经》的影响。比如其中保存的大量神话及神话中的诸神都可以在《山海经》中直接找到它们的影子。如治水神话中的大禹、逐

日神话中的夸父、射日神话中的后羿、创世神话中的女娲等。在《淮南子》中大禹是一个半人半神的治水英雄,他带领大章、竖亥丈量大地的长短,又积土成山、平山填池,改变大地的面貌。在《淮南子》中关于女娲有这样的记载:女娲炼五色石以补苍天,断鳌足以立四极,杀黑龙

以济冀州，积芦灰以止颍
水。女娲拯救了濒于毁灭
的世界，她确实有再造世
界的功绩。另外，她与伏
羲通婚，衍生人类，成为
人类的始祖。而在《山海
经》中可以找到相关资料，
"有神十人，乃女娲之肠
所化"。这里的女娲已经
具有创世所必须懂得的本
领——化生化育。如果说
汉代以后女娲的神话具有
某些创世神话的因素和特征的话，那么，
《山海经》关于女娲的记录则已显露其
端倪。同样，如果我们去查考六朝志怪、
唐传奇、明清小说，如《西游记》和《聊斋
志异》等作品，也会发现其中大都有或明
或暗、或直接或间接取材于《山海经》的
痕迹。如《西游记》中写孙悟空乃石中生
出，就明显受到"石中生夏启"神话的影

响。《红楼梦》本名《石头记》，也明显受到"精卫填海"等神话的影响。

五、《山海经》的价值

有人认为《山海经》是神话小说，根据是该书的内容都是街头巷议、道听途说的逸闻琐事，如明代学者胡应麟把《山海经》当成笔记小说对待。至清代撰修《四库全书》时也将《山海经》归入小说类，清代纪昀称其为中国"小说之最古者"。但是，这种观点是难以令人信服的。如果对《山海经》进行全面的分析便会发现，尽管《山海经》保存了大量的神

话传说，但是，书中绝大部分都是对山川、物产、风土人情的地理性描述，所包含的神话传说，仅占全书内容的三分之一。因此，把《山海经》看成神话小说是不恰当的。

进入20世纪以来，许多学者重新审视《山海经》，对此有了更深刻的理解。著名文学家鲁迅先生在《中国小说史略》中说：《山海经》记载的海内外山川、神祇异物及祭祀所宜……所载祀神之物多用糈（精米），与巫术合，盖古之巫书也。茅盾先生则认为《山海经》保存了很多原始神话，是一部杂乱无章的神话总集。上述观点影响很大，为多数学者所接受，并在此基础上有所发展，形成三种见解：其一，认为《山海经》是一部巫觋、方术之书。根据是全书一半以上的神话传说，无不与"巫"有关。如祭应龙、驱旱魃以求雨，群巫救窫窳，桃都山神话等。战国时期，楚国巫风最盛，《汉书·地理志》称楚人"信巫鬼，重淫祀"。近年来，楚地出土的一些木雕偶人、怪神像等与《山海经》中记述的半人半兽怪神十分相似。由此可推测该书是巫师施行巫术的参考书。其二，《山海经》是中国最早的神话总集。保存了许多亡逸的神话故事，如夸父逐日、后羿射日、精卫填海、舜葬苍梧、羲和浴日、西王母使青鸟、王亥伏牛等。这些神话故事既反映了我国古代劳动人民敢于同自然抗争的奋勇精神，又充分展示了古人丰富的想象力和创造力。

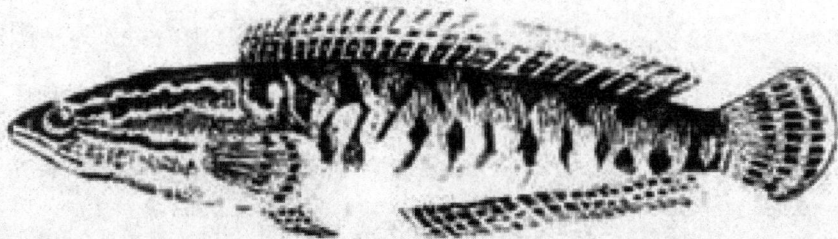

其三，《山海经》虽然记述了许多山川、异域，但并不是客观的记述，而是夹杂了一些巫术成分，荒诞怪异，缺乏依据。因此，不能当做实用的地理书对待。同时，也要看到，尽管《山海经》对后世的志人志怪小说产生过影响，但它本身并不是小说。身为历史学家又精通古代宗教神话的顾颉刚先生认为，《山海经》是一部巫术性的地理书。

近年来，人们对《山海经》的定位又提出了新的看法，人类史学家经过反复研究，认为《山海经》记载了三千多个母系社会和父系社会古国，是一部记述中国远古图腾社会生活状况的综合性通史著作。而医学专家通过考察认为，《山海经》记载了百余种药物，能治疗疾病的药有三十多种，他们称《山海经》为中国本草之先祖。《山海经》究竟是什么性质的书，真是仁者见仁，智者见智，学术界一时难以达成共识。

正如当代著名历史地理学家谭其骧先生指出的那样："《五藏山经》在《山海经》全书各部分中最为平实雅正，尽管免不了杂有一些传闻、神话，基本上是一部反映当时真实知识的地理书。"据谭先生研究，《山经》共写了四百四十七座山，这些山中，见于汉晋以来记载，可以确切对应的约为一百四十座，占总数的三分之一左右。其中对晋南、陕中、豫西地区记述得最详细正确。这应该是研究我国古代地理的宝贵资料。而《山经》在记述时，往往以山为纲，以首山叙起，依次叙山名、水名、道里、民族、风俗、物产、药物、祭祀、巫医等，又是研究其他学科的宝贵材料。在《海经》中，记载了诸如穿胸民、羽民国、厌火国、贯胸国、不死民、反舌国、三首国、长臂国、三身国、一臂国、奇股国、丈夫国、巫咸国、女子国、轩辕国、白

民国、长股国、一目国、大人国、君子国、无肠国、夸父国、黑齿国、玄股国等奇异的国家和民族，虽然这些国家和民族并非真有，只存在于传说中，但也有一定的地理学和民族学价值。

《山海经》最重要的价值就在于它保存了大量神话传说，这些神话传说除了大家都很熟悉的夸父逐日、大禹治水等之外，还有许多是人们不大熟悉的。如《海外北经》中载："共工之臣曰相柳氏，九首，以食于九山。相柳之所抵，厥

为泽溪。禹杀相柳，其血
腥，不可以树五谷种。禹厥
之，三仞三沮，乃以为众帝
之台。在昆仑之北，柔利之
东。相柳者，九首人面，蛇身
面青。不敢北射，畏共工之
台。台在其东。台四方，隅有
一蛇，虎色，首冲南方。"

　　这个禹杀相柳的传说
充满了神奇色彩，既可从文
学或神话学的角度来研究，
又可以从中看出共工、相
柳、禹三人之间关系，由此
可见古代民族部落之间的激烈斗争。《山
海经》中大量存在的这些神话传说，是
我们今天研究原始宗教的宝贵资料。又
如："巫咸国在女丑北，右手操青蛇，左
手操赤蛇。在登葆山，群巫所从上下也。"
（《海外西经》）"有灵山，巫咸、巫即、
巫盼、巫彭、巫姑、巫真、巫礼、巫抵、

巫谢、巫罗，十巫从此升降，百药爱在。"
（《大荒西经》）

在《山海经》的神话中，不仅可以看到巫师的活动，也可以看到古代民族的信仰、崇拜等。在《山海经》中，存在着大量关于神奇动物的记载，这些动物主要是鸟、兽、龙、蛇之类，它们往往具有神奇的力量。这些动物很可能就是古人的图腾崇拜。如上文所引的《海外西经》中的文字："巫咸国在女丑北，右手操青蛇，左手操赤蛇。"蛇可能就是巫咸国的图腾。研究中国古代的宗教信仰，《山海经》是必不可少的参考资料。

《山海经》中的神话传说在一定程度上也是历史。虽然神话色彩非常浓厚，其真实性要大打折扣，但是，它们毕竟留下了历史的影子。把几条类似的材料加以比较，有时还是可以看到历史的真实面貌的。例如上文所引《大荒北经》中黄帝战蚩尤的记载，除去其神话色彩，我们可以从中看到一场古代部落之间的残酷战争。又如《大荒西经》和《海内经》中记载了一个黄帝的谱系：黄帝妻雷祖，生昌意。昌意降居若水，生韩流。韩流擢首、谨耳、人面、豕喙、麟身、渠股、豚止，取淖子曰阿女，生帝颛顼。颛顼生老童，老

童生重及黎。帝令重献上天，令黎邛下地。下地是生噎，处于西极以行日月星辰之行次。这个谱系带有传奇色彩，具有神谱的性质，然而，它与《大戴礼记·帝系篇》《史记·五帝本纪》、皇甫谧《帝王世纪》基本相同。

同时，《山海经》又是一部科技史，它既记载了古代科学家们的创造发明，也记载了他们的科学实践活动，还反映了当时的科学思想以及已经达到的科学技术水平。例如，关于农业生产，《海内经》载："后稷降以谷""叔均始作耕"。《大荒北经》载："叔均乃为田祖。"关于手工业，《海内经》载："义均是始为巧倕，是始作下民百巧。"关于天文、历法，《海内经》载："噎鸣生岁十有二。"《大荒西经》载："帝令重献上天，令黎邛下地。下地是生噎，处于西极以行日月星辰之行次。"诸如此类的记载不胜枚举。有一些关于自然现象的记载尤为珍贵，这在别的书中是看不到的，如《海外北经》

载："钟山之神，名曰烛阴。视为昼，瞑为夜；吹为冬，呼为夏；不饮，不食，不息，息为风。身长千里……其为物，人面，蛇身，赤色，居钟山下。"

许多学者认为，《山海经》在这里记载的是北极地带半年为昼、半年为夜的极地现象，只不过古人无法解释这种现象，于是诞生了神话。这种记载无疑是宝贵的科学资料。类似的例子还有很多。

例如《大荒东经》载："汤谷上有扶木，一日方至，一日方出，皆载于乌。"又如《海外东经》载："汤谷上有扶桑，十日所浴，在黑齿北，居水中。有大木，九日居下枝，一日居上枝。"这两条记载，前者被认为记载的是太阳黑子活动和北极的极地现象，后者记载的是极地附近的假日现

象。此外，从《山海经》中，我们也可以看到古人对大地的探测活动。《海外东经》载："帝命竖亥步，自东极至于西极，五亿十万九千八百步。竖亥右手把算，左手指青丘北。"《中山经》说："天地之东西二万八千里，南北二万六千里。"这些记载，数字未必准确，但已反映出中国古人的探测活动。总而言之，《山海经》是一部充满着神奇色彩的著作，内容无奇不

有，无所不包，蕴藏着丰富的地理学、神话学、民俗学、科学史、医学等学科的宝贵资料，细心钻研，深入探讨，就会有新发现。

《山海经》中的人文精神对后世的影响也很深远。一部流传千古的好书，不受时空限制，既有历时性，又有共时性，历久弥新，体现了文化传承的深厚渊源及其蕴涵的人文理念。晋代诗人郭璞为《山

海经》作图赞，已经注意到这一点："共工赫怒，不周是触。地亏巽维，天缺乾角。理外之言，难以语俗。"共工与颛顼争帝，怒触不周山，其"理外之言"在于揭示人类的奋斗精神与生命的本质意义。人是顶天立地的人，即使倒下，"天柱折，地维绝"，只要精神不死，依旧能够站立起来。中国人的世界观、人生观有一个显著特点：既重视生死，又轻视生死，所谓"人固有一死，或重于泰山，或轻于鸿毛"。从哲学思想上说，儒家重视生死，孔曰"成仁"，孟曰"取义"；老庄轻视生死，"齐生死""生不足喜，死不足悲"，庄子甚至为他妻子之死鼓盆而歌。前者诠释生命的意义与价值，后者则发现生死的变化和规律。孔孟老庄都是有大智慧的人，他们的哲学思想包括生命科学。

孔孟注意到生命的剧变，采取激烈的方式；老庄则注意到生命的渐变，主张顺其自然，采取温和的方式。《山海经》提供了一个天生地育的生命文本，杂糅孔孟老庄以及各家思想。从表面看，《山海经》多客观记述，对生命采取自然主义态度，顺时安分，乐天知命，与老庄同一姿态；小国寡民，也是当时的实际情况。然

而，严酷的生存环境与不测之祸，又促使一些人奋起抗争，《山海经》在记述这些人物故事时，带有强烈的主观色彩，采取比孔孟更激进的方式，如逐日的夸父，舞干戚反抗天帝的刑天，治水丢脑袋的鲧，化作禽鸟衔石木填海的精卫，以及三面六臂的人，各种异相变体的兽，都是桀骜不驯者。"夸父诞宏志，乃与日竞走……余迹寄邓林，功竟在身后""精卫衔微木，将以填沧海。刑天舞干戚，猛志固常在"。"浑身静穆"的大诗人陶渊明也是受这种舍生忘死精神的鼓舞，作《读山海经》十三首，而变得"金刚努目"。他在第一首中指出："泛览周王传，流观山海图。俯仰终宇宙，不乐复何如？"《山海经》阳刚的人文理念与他"聊乘化以归尽"的隐逸思想也是并行不悖的。

　　此外，《山海经》历来有禹鼎、地图、壁画、巫图诸说，证明它与雕刻、绘画、音乐都有联系，人文精神也一脉相承。